Inhaltsverzeichnis

Vorwort

Liebe Erzieherinnen und Erzieher, liebe Froschfreundinnen und -freunde,

das Wissen über die Welt direkt um uns herum kommt bei den Kindern – und auch bei uns Erwachsenen – heutzutage häufig zu kurz. Die Tiere und Pflanzen in unserer Umwelt zu erforschen ist aber sehr wichtig, damit die Kinder schon früh einen Bezug zu ihnen herstellen. Daher freue ich mich sehr, dass Sie sich für dieses Projekt entschieden haben. Ihre Kinder erwartet ein tolles Erlebnis, wenn sie in die Welt der Frösche eintauchen.
Über die verschiedenen Bildungsbereiche vermittelt diese Mappe den Kindern viel Wissen über die lautstarken Amphibien. Viele der Angebote sind bereits für unter 3-Jährige geeignet. Die Kinder spielen, singen und basteln – und ganz nebenbei erfahren sie, was Frösche fressen, wie sie sich von Kröten und Unken unterscheiden, warum sie quaken und wo sie leben. Frösche sind wirklich unterhaltsame Tiere!
Allein in Deutschland gibt es viele verschiedene Arten, sodass auch wir als Erwachsene beim „Frosch-Domino" noch viel über diese spannenden Tiere lernen können. Dafür bietet es sich auch bestens an, Frösche in der freien Natur zu suchen und zu beobachten.

Erleben Sie gemeinsam mit den Kindern die Welt der Frösche: Gestalten Sie die Frösche-Erlebniswelt, basteln Sie mit den Kindern Froschmasken in verschiedenen Farben und hüpfen Sie mit ihnen wie die echten Tiere. Lassen Sie die Kinder den Frosch im Beutel herausfühlen und die Korken-Frösche in den Teich hüpfen. Aus dem eigenen Handabdruck einen Frosch zu gestalten sowie ein Bewegungsparcours über den Froschteich dürfen ebenfalls nicht im Programm fehlen. Und zum Schluss gibt es das große „Fest bei den Fröschen am See", auf dem auch dieses Lied gemeinsam mit den Eltern gesungen und gespielt wird. Die Eltern werden darüber staunen, was ihre Kinder alles über die Welt der Frösche gelernt haben.

Ich wünsche Ihnen ganz viel Freude mit dieser Mappe!

Mareike Brombacher

Hinweis: Liebe Fachkraft, wir möchten in unseren Materialien niemanden benachteiligen oder diskriminieren. Daher nutzen wir unter anderem das Gendersternchen, um alle Geschlechter anzusprechen. Im Folgenden verzichten wir jedoch aus Gründen der besseren Lesbarkeit darauf und nutzen weiterhin entweder die „neutrale" Form oder Doppelformen. Selbstverständlich sind stets alle Geschlechter gemeint.

Vorbemerkungen

Zu den verwendeten Symbolen

Hauptkategorien:

Rund um den Frosch

So sehen Frösche aus

Der Lebensraum der Frösche

Das Leben der Frösche

Wir feiern ein Frosch-Fest

Bildungsbereiche:

 Sprachliche Bildung

 Musikalische Bildung

 Ästhetische Erziehung

 Umwelt-, Sach- und Naturbegegnung

 Gesundheit und Ernährung

 Mathematische Bildung

 Körpererfahrung und Bewegung

 Wahrnehmung und Entspannung

Tipps und Anregungen zu den Angeboten

Die einzelnen Angebote sind nicht nach Bildungsbereichen, sondern nach Themen sortiert. Die Aufgaben können meist in beliebiger Reihenfolge bearbeitet und vielfältig miteinander kombiniert werden. Natürlich können auch nur ausgewählte Angebote eingesetzt werden.

Zu „Was ist ein Frosch?", S. 13:

Dieses Angebot eignet sich gut als Einstieg in das Thema. Erläutern Sie den Kindern, dass sie nur Frösche anfassen dürfen, von denen sie wissen, dass sie nicht giftig sind.

Zu „Frosch-Domino", S. 14:

Die Steckbriefe von Seite 5 können kopiert und auf die Rückseite der Bildkarten (1) geklebt werden, bevor diese ausgeschnitten werden. So findet man die Informationen zu den Froscharten direkt beim passenden Bild. Weitere Informationen zu den heimischen Fröschen finden Sie zum Beispiel unter: *https://www.bund.net/themen/tiere-pflanzen/tiere/amphibien/heimische-lurche/*

Zu „Malen nach Formen", S. 26:

Besprechen Sie ggf. mit den Kindern noch einmal die Farben und ihre Bezeichnungen. Malen Sie die Formen am besten in der passenden Farbe an, sodass die Kinder sich immer wieder daran orientieren können.

Vorbemerkungen

Zu „Wir füttern den Frosch!", S. 29:

Besprechen Sie vorab mit den Kindern, was Frösche fressen (s. u. „Informationen über Frösche") und zeigen Sie das Bild aus der Heftmitte, wie ein Frosch seine Beute fängt.

Informationen über Frösche:

Frösche, Kröten und Unken gehören zu den Froschlurchen. Frösche und Kröten sind nicht eindeutig voneinander abzugrenzen. Man unterscheidet über 7 000 Arten, viele stehen unter Schutz.

Körperbau / Aussehen

Frösche haben lange, kräfte Hinterbeine. Sie haben hinten jeweils fünf Zehen, teils mit Schwimmhäuten, und vorne jeweils vier Zehen. Mit ihren Augen haben sie einen Rundblick, können aber nur sehen, was sich bewegt. Frösche haben keine Ohren, sondern seitlich am Kopf ein Trommelfell, das offenliegt. Damit hören sie sehr gut. Frösche haben eine lange klebrige Zunge, mit der sie ihre Beute fangen. Bei Kröten und Unken sind diese kürzer. Frösche atmen und trinken über ihre Haut. Diese ist von Schleimdrüsen durchzogen, die sie vor dem Austrocknen schützen. Viele Arten geben auch giftige Sekrete über ihre Haut ab zum Schutz vor Feinden. Die meisten Frösche passen in eine Hand. Der Goliathfrosch kann aber über 30 cm lang werden. Die Weibchen sind meist etwas größer als die Männchen. Bei uns in Deutschland sind die meisten Frösche grün oder braun und so gut getarnt. In den Tropen zum Beispiel gibt es auch gelbe, rote oder blaue Frösche.

Lebensraum

Frösche kann man fast überall auf der Welt an und in Tümpeln, Teichen, Seen, Flüssen oder Mooren finden. Einige leben in Büschen und Bäumen. Im Winter suchen sie sich Erdhöhlen oder setzen sich auf den Gewässergrund und fallen in eine Winterstarre. Viele Arten sind durch die Verschmutzung oder Zerstörung ihres Lebensraumes vom Aussterben bedroht.

Nahrung

Frösche fressen Insekten, Spinnen, Würmer und Schnecken. Durch das Insektensterben finden Frösche immer weniger Nahrung.

Fortpflanzung

Zur Paarungszeit im Frühling finden sich die Frösche an Gewässern zusammen. Dann quaken die Männchen, um die Weibchen anzulocken und ihr Revier abzugrenzen. Männliche Frösche haben dazu an den Wangen oder unter dem Maul eine sogenannte Schallblase. Nach der Paarung legt das Weibchen ihre Eier in mehreren Ballen im Wasser ab, diese nennt man Froschlaich. Durch eine klebrige Schutzschicht bleiben sie an Wasserpflanzen hängen. Nach ein bis drei Wochen schlüpfen aus den Eiern kleine Larven, die sich innerhalb weniger Tage zu etwa 3 cm langen Kaulquappen entwickeln. Sie sehen zunächst aus wie kleine Fische und haben Kiemen, um unter Wasser atmen zu können. Der Schwanz und die Kiemen werden immer kleiner. Nach etwa fünf Wochen beginnen sich die Hinterbeine zu bilden. Nach sieben Wochen wachsen auch die Vorderbeine. Eine Woche später bildet sich die Froschgestalt heraus. Wenn der Schwanz zurückgebildet und die Beine ausgewachsen sind, verschwinden langsam auch die Kiemen. Die Frösche verlassen das Wasser, wenn ihre Lunge ausgewachsen ist. Dann sind sie erst etwa 1 cm groß.

Steckbriefe der heimischen Froscharten:

Der Grasfrosch **Lebensraum:** schattige Orte wie Wiesen und Gärten, zur Laichzeit an Teichen und Weihern **Farbe:** schwarzbraun, gelb oder rot mit Musterung, dunkler Fleck an den Schläfen *Männchen:* grauweißer Bauch *Weibchen:* gelber Bauch mit roter Maserung **Größe:** 7–11 cm **Zahl der Eier im Laich:** bis zu 4500 Eier im Laichteppich	**Der Teichfrosch** **Lebensraum:** Seen, Teiche und Tümpel mit sonnigen Plätzen und viel Vegetation **Farbe:** grün bis braun mit dunklen Flecken, weißer Bauch, hellgrüner Rückenstreifen **Größe:** 6–12 cm **Zahl der Eier im Laich:** bis zu 1000 Eier in einzelnen Ballen **Besonderheit:** Hybrid aus Kleinem Wasserfrosch und Seefrosch
Der Seefrosch **Lebensraum:** vegetationsreiche Seen, Teiche und Flussauen **Farbe:** olivgrün bis braun mit braunen bis schwarzen Flecken, dunkel marmorierter Bauch, hellgrüner Rückenstreifen **Größe:** 10–16 cm **Zahl der Eier im Laich:** bis zu 10000 Eier in einzelnen Ballen	**Der Moorfrosch** **Lebensraum:** Feuchtgebiete wie Moore, Sümpfe, Nasswiesen **Farbe:** hell- oder dunkelbraun, teils schwarze bis rot-braune Flecken, heller Rückenstreifen, brauner Fleck an den Schläfen **Größe:** 5–8 cm **Zahl der Eier im Laich:** bis zu 3000 Eier im Laichteppich **Besonderheit:** Männchen zur Paarungszeit leuchtend blau
Der Kleine Wasserfrosch **Lebensraum:** kleine Gewässer wie Teiche, Tümpel und Moore **Farbe:** grüne Grundfarbe, schwarz-braune Flecken an einigen Stellen, hellgrüner Rückenstreifen **Größe:** 4,5–6,5 cm **Zahl der Eier im Laich:** bis zu 3000 Eier in mehreren Ballen	**Der Laubfrosch** **Lebensraum:** feuchte Wiesen, Hecken und Gehölze, zur Laichzeit in Standgewässern **Farbe:** intensives Grün, weißliche Unterseite, dunkler Streifen von der Nase über die Augen bis zu den Schenkeln **Größe:** 3–5 cm **Zahl der Eier im Laich:** einige kleine Ballen mit bis zu 100 Eiern **Besonderheit:** Haftscheiben an den Fingern
Der Springfrosch **Lebensraum:** Mischwälder mit Stillgewässern **Farbe:** gelbbraun, rotbraun oder graubraun, gelblich-weißer Bauch, dreieckiger Fleck an den Schläfen **Größe:** 6–8 cm **Zahl der Eier im Laich:** bis zu 1800 Eier in einzelnen Ballen verteilt **Besonderheit:** springt mit bis zu 2 m von allen heimischen Fröschen am weitesten	

Fingerspiel „Wir quaken nun gemeinsam!"

ab 2 Jahren

Arbeitsanleitung:
Setzen Sie sich mit den Kindern in einen Kreis auf den Boden. Machen Sie das Fingerspiel zunächst vor, dann steigen die Kinder mit ein und quaken an den passenden Stellen mit.

Text	Bewegeung
Der Frosch am Teich rief: „Quak-quak-quak, quak-quak-quak!"	*Mit der rechten Hand ein Maul formen, das auf und zu geht.*
Dann drehte er sich zur Seite und erschrak, und erschrak!	*Die rechte Hand nach links wenden mit geschlossenem Maul.*
Ein zweiter Frosch saß da und rief: „Quak-quak-quak, quak-quak-quak!"	*Mit der linken Hand ein Maul formen, das auf und zu geht.*
Dann sprang er zum ersten Frosch auf das Seerosenblatt, das Seerosenblatt.	*Mit der linken Hand näher zu der rechten „herüberspringen".*
Der erste Frosch rief: „Wer bist du, wer bist du?"	*Das mit der rechten Hand geformte Maul auf- und zumachen.*
Der zweite Frosch rief: „Lotta, und du? Lotta, und du?"	*Das mit der linken Hand geformte Maul auf- und zumachen.*
„Hallo Lotta, ich bin der Heribert, der Heribert", rief der erste Frosch entzückt.	*Die rechte Hand auf- und zumachen.*
„Schön, dich zu treffen, Heribert", rief Lotta ihm zurück.	*Die linke Hand auf- und zumachen.*
Dann quakten sie ein Froschduett, ein Froschduett,	*Beide Hände hin und her wippen.*
das fanden sie beide sehr sehr nett, sehr sehr nett.	*Die Hände aneinanderkuscheln.*
In alle Richtungen schallte es: „Quak-quak-quak, quak-quak-quak!"	*Beide Hände im Rhythmus auf- und zumachen.*
Lotta und Heribert sangen: „Quak-quak-quak-quak-quak!"	*Beide Hände im Rhythmus auf- und zumachen.*

Frösche malen leicht gemacht!

ab 4 Jahren

Material:

Malpapier, Wachsmaler in grün, rot, blau und/oder braun, schwarze Filzstifte

Vorbereitung:

Setzen Sie sich mit den Kindern an einen Tisch. Geben Sie jedem Kind ein Blatt Malpapier und legen Sie die Wachsmaler bereit. Zeichnen Sie den Frosch zusammen mit den Kindern mit, sodass sie sich an Ihren Malschritten orientieren können.

Arbeitsanleitung:

1. Die Kinder malen zuerst einen Kreis, den sie mehrmals mit dem Wachsmaler umfahren.
2. Dann malen die Kinder zwei kleine Kreise oberhalb des ersten Kreises als Augen. Lassen Sie die Kinder auch diese mehrfach umfahren.
3. Nun kommen rechts und links unten zwei schmale, schräg stehende Ovale als Froschbeine hinzu.
4. Nun fügen die Kinder links und rechts unten von den Froschbeinen schmale, waagerecht liegende Ovale als Füße hinzu.
5. Zum Schluss malen die Kinder mit schwarzem Filzstift Pupillen und Mund auf.

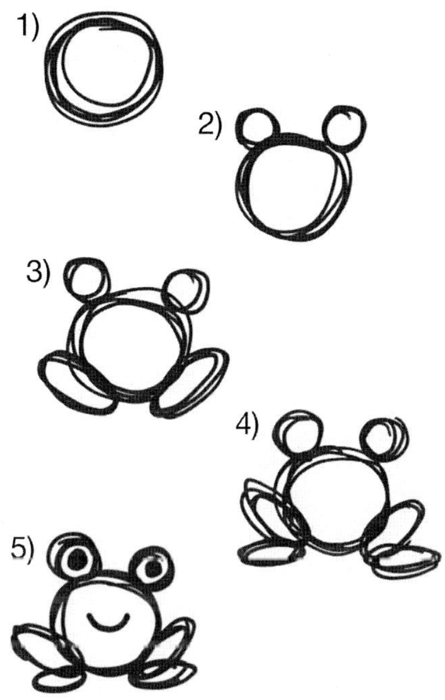

Fertig ist der selbstgemalte Frosch!
Die Kinder dürfen probieren, ob sie ihn auch „auswendig" malen können.

Variante:

Für die älteren Kinder können Sie daraus auch ein Bilddiktat machen, indem Sie die Schritte vorlesen. Die Kinder hören genau zu und versuchen, diese richtig umzusetzen. Hier könnten ein paar lustige Frösche entstehen!

Musikspiel „Roter Frosch im Wasser"

ab 2 Jahren

Material:

Kopiervorlage „Froschmaske" (s. S. 9), Scheren, 1 Bleistift, grüner, roter und gelber Tonkarton, schwarze Filzstifte, stoffbeschichtetes Gummiband, Lied „Roter Frosch im Wasser" (s. u.)

Vorbereitung:

1. Kopieren Sie die Maskenvorlage und schneiden Sie sie aus.
2. Übertragen Sie die Maske für jedes Kind auf den gewünschten Tonkarton. Achten Sie darauf, dass die drei Farben in relativ gleichmäßiger Zahl in der Gruppe vorhanden sind.
3. Die Kinder schneiden ihre Masken, ggf. mit Ihrer Hilfe, aus und malen ein Gesicht auf.
4. Stechen Sie Löcher in die vorgesehenen Stellen und fädeln Sie ein Gummiband hindurch. Passen Sie die Länge an den Umfang des Kinderkopfes an und verknoten Sie die Enden.

Spielanleitung:

1. Die Kinder bilden einen Kreis, setzen die Froschmasken auf und fassen sich an den Händen.
2. Rufen Sie eine Farbe aus, zum Beispiel „Nun sind die roten Frösche dran!"
3. Alle Kinder mit roter Froschmaske gehen in die Mitte des Kreises und hocken sich dort hin.
4. Nun singen die Kinder, die sich an den Händen halten, das Lied „Roter Frosch im Wasser" nach der Melodie von „Häschen in der Grube" und umrunden dabei die Froschgruppe in der Mitte. Die Kinder in der Mitte stellen die erste Zeile jeder Strophe pantomimisch dar. Bei der letzten Zeile einer Strophe hüpfen sie im Froschsprung herum.
5. Gehen Sie das Lied für jede Farbe einmal durch, sodass alle Kinder einmal in der Mitte hüpfen durften. Ändern Sie den Liedtext dabei passend zur ausgerufenen Farbe.

Lied „Roter Frosch im Wasser"

Roter Frosch im Wasser, saß und schlief, saß und schlief,
armes Fröschlein bist du krank, dass du nicht mehr hüpfen kannst?
armes Fröschlein bist du krank, dass du nicht mehr hüpfen kannst?
Fröschchen hüpf, Fröschchen hüpf, Fröschchen hüpf!

Roter Frosch im Wasser, nickt und weint, nickt und weint,
Doktor komm' geschwind herbei und verschreibe ihm Arnzei.
Doktor komm' geschwind herbei und verschreibe ihm Arnzei.
Fröschchen hüpf, Fröschchen hüpf, Fröschchen hüpf!

Roter Frosch im Wasser, hüpft und springt, hüpft und springt,
Fröschchen, bist du schon kuriert? Hui der rennt und galoppiert!
Fröschchen, bist du schon kuriert? Hui der rennt und galoppiert!
Fröschchen hüpf, Fröschchen hüpf, Fröschchen hüpf!

Roter Frosch im Wasser, nickt und lacht, nickt und lacht,
Liebes Fröschlein, nicht so schnell, nimm mich mit zum frischen Quell.
Liebes Fröschlein, nicht so schnell, nimm mich mit zum frischen Quell.
Fröschchen hüpf, Fröschchen hüpf, Fröschchen hüpf!

Kopiervorlage „Froschmaske"

ab 4 Jahren

Märchen „Der Froschkönig"

Material:

Text „Der Froschkönig" (s. S. 10 f.), Bildkarten „Froschkönig" (s. S. 11), ggf. Buntstifte

Arbeitsanleitung:

1. Setzen Sie sich mit den Kindern in eine gemütliche Vorleseecke.
2. Lesen Sie das Märchen vom Froschkönig langsam und deutlich einmal am Stück vor und klären Sie mit den Kindern die Ausdrücke, die sie vielleicht noch nicht kennen.
3. Lesen Sie zu einem späteren Zeitpunkt (entweder nach einer kleinen Pause oder am nächsten Tag) das Märchen noch einmal vor. Unterbrechen Sie dieses Mal an einigen Stellen und nutzen Sie die Anregung, um mit den Kindern in einen Dialog über das Gelesene zu kommen. Gehen Sie dabei den Interessen der Kinder nach und nutzen Sie die Bildkarten. Sie können auch eigene Ideen entwickeln oder aber die Kinder jeweils die Szene weitererzählen lassen.
4. Kopieren Sie die Bildkarten für diejenigen Kinder, die die Bilder gerne ausmalen wollen.

Der Froschkönig (1)

ab 3 Jahren

Es war einmal ein König, der hatte eine wunderschöne Tochter. Ihr liebstes Spielzeug war eine goldene Kugel. Eines Tages spielte sie mit dieser Kugel am Brunnen und sie fiel ihr versehentlich in das tiefe Wasser. Oh je! Die Prinzessin weinte fürchterlich.

Anregungen:

- Habt ihr auch ein liebstes Spielzeug? Welches ist es?
- Worüber könnt ihr noch so richtig traurig sein?
- Wann habt ihr zuletzt geweint und warum?
- Gibt es auch Freudentränen?

Plötzlich erklang eine Stimme: „Aber Königstochter, warum weinst du so?“ Die Prinzessin sah sich suchend um. Da erblickte sie einen Frosch, der aus dem Wasser schaute. „Mir ist meine goldene Kugel in den Brunnen gefallen“, sagte die Prinzessin. „Was gibst du mir, wenn ich dir die Kugel wieder heraufhole?“, fragte der Frosch. „Du kannst meine Perlen und Edelsteine haben und meine goldene Krone“, sagte die Prinzessin. Doch der Frosch schüttelte den Kopf. „Nein, ich will, dass du mich lieb hast, dass ich an deinem Tisch sitze, von deinem Teller esse, aus deinem Becher trinke und in deinem Bett schlafe. Wenn du mir das versprichst, dann hole ich dir die goldene Kugel.“ „Ich verspreche dir alles, was du willst, Hauptsache, du holst mir meine Kugel“, sagte die Prinzessin. Aber sie dachte bei sich: „Der dumme Frosch ist doch sowieso nur hier im Wasser, der kann gar nicht bei den Menschen leben.“ Der Frosch holte die goldene Kugel heraus und die Prinzessin freute sich sehr. Sie sprang mit der Kugel davon und lief nach Hause. Den Frosch hörte sie nicht, der ihr noch „Warte, warte!“ hinterherrief.

Anregungen:

- Glaubt ihr, dass der Handel eine gute Idee war?
- Findet ihr, dass die Prinzessin sich richtig verhält?
- Könnt ihr die Gedanken der Prinzessin verstehen?

Am nächsten Tag jedoch, als die Königsfamilie beim Essen saß, klopfte der Frosch an die Tür. Die Königstochter bekam Angst und wollte ihm nicht aufmachen. Ihr Vater fragte: „Kind, wovor hast du Angst? Ist da ein Riese vor der Tür?“ Als sie ihrem Vater erzählte, was passiert war, sagte er, sie solle den Frosch einlassen. Sie habe ihm schließlich ein Versprechen gegeben.

Anregungen:

- Wovor hat die Königstochter Angst? Warum will sie den Frosch nicht hereinlassen?
- Erzählt ihr euren Eltern auch die Dinge, die euch Angst machen?
- Hast du schon einmal ein Versprechen nicht eingehalten?
- Was sagt der König zu dem Verhalten der Prinzessin? Hat er recht?

Widerwillig setzte die Prinzessin den Frosch auf den Tisch und er aß vom goldenen Teller. Dann ließ er sich von ihr ins Schlafzimmer tragen. Doch sie wollte ihn auf keinen Fall im Bett haben, das war ihr zu eklig. Da sagte der Frosch: „Wenn du mich nicht heraufhebst, dann sage ich es deinem Vater!“ Da reichte es der Prinzessin. Sie nahm den Frosch und warf ihn wütend gegen die Wand: „Jetzt wirst du Ruhe geben, du garstiger Frosch!“ Doch als er herabfiel, verwandelte er sich in einen freundlichen und wunderschönen Prinzen. Er erzählte, dass eine böse Hexe ihn verzaubert hatte. Nur die Prinzessin konnte ihn erlösen. Nun sollte er ihr lieber Mann werden.

Der Froschkönig (2)

ab 3 Jahren

Anregungen:

- Könnt ihr den Ekel der Prinzessin verstehen?
- Wie hättet ihr reagiert, wenn ein Frosch bei euch im Bett schlafen möchte?
- Was passiert wirklich mit einem Frosch, der gegen eine Wand geworfen wird?

Am nächsten Morgen kam ein Wagen mit acht weißen Pferden vorgefahren und die beiden fuhren in das Reich des schönen Prinzen. Hinten auf dem Wagen stand der treue Heinrich, der Diener des Prinzen. Er hatte sich eiserne Bande um sein Herz legen lassen, sodass es nicht zerspringen konnte vor Trauer um seinen Prinzen. Als der Wagen nun ein Stückchen gefahren war, da krachte es hinten einige Male. Jedes Mal rief der Prinz: „Heinrich, der Wagen bricht!" Doch der treue Heinrich erklärte immer wieder, dass es nur die Bande von seinem Herzen waren. Sie zersprangen, weil er so froh war, dass sein Herr wieder da war. So waren am Ende alle sehr glücklich. Und wenn sie nicht gestorben sind, dann leben sie noch heute.

Anregungen:

- Wie fühlt ihr euch, wenn es jemandem schlecht geht, den ihr gern habt?
- Nimmt das Märchen ein gutes Ende? Warum?
- Hättet ihr das Märchen anders enden lassen?

Bildkarten „Froschkönig"

Bewegungsgeschichte „Der verzauberte Frosch"

ab 4 Jahren

Material:

1 Turnmatte pro Kind, Bewegungsgeschichte „Der verzauberte Frosch" (s. u.)

Arbeitsanleitung:

Die Kinder legen ihre Matten sternförmig im Kreis aus und setzen sich mit dem Blick in die Mitte darauf. Erzählen Sie den Kindern die Geschichte. Machen Sie mit ihnen die jeweils im Text beschriebenen Bewegungen nach, die Lena ausprobiert, um Linus zu befreien.

Der verzauberte Frosch

Es waren einmal zwei Frosch-Freunde, die hießen Lena und Linus. Linus war ein ängstlicher Frosch. Er fürchtete sich vor allem, auch davor, dass ein Drache kommen könnte, um ihn zu verzaubern. Lena lachte dann immer nur. Doch eines Tages war Linus verschwunden. Lena suchte überall. Was war ihrem Freund passiert? Da traf sie eine alte, weise Kröte. Die Kröte sagte: „Vorhin war ein Drache hier, er hat Linus verzaubert." Lena traute ihrem Trommelfell nicht. „Willst du ihn wieder befreien?" Lena nickte aufgeregt.

Die Kröte führte sie zu einer Amsel, die aufgeregt herumflatterte. War das etwa Linus? Die Amsel flatterte immer wieder um einen Baumstamm herum.

Auf dem Baumstamm stand: Mache fünfmal den Hampelmann!

Lena machte fünfmal den Hampelmann. Da machte es „plopp", und die Amsel verwandelte sich in ein Kaninchen, das über die Wiese hoppelte. Es hielt vor einem Maulwurfshügel.

Auf dem Hügel stand: Klatsche zehnmal in die Hände und drehe dich dabei im Kreis herum!

Lena drehte sich händeklatschend im Kreis. Da machte es „plopp", und das Kaninchen verwandelte sich in eine Katze. Die Katze lief zu einer Wasserstelle und schleckte ein wenig Wasser. **Auf der Wasseroberfläche spiegelte sich etwas: Mache mit den Armen Flugbewegungen und laufe eine Runde im Kreis herum!**

Lena folgte auch dieser Anweisung. Da machte es „plopp", und die Katze verwandelte sich in einen Hund. Der Hund bellte kurz, schnupperte an Lena und zog einen Ast unter einem Busch hervor. **Auf dem Ast stand: Mache dreimal hintereinander einen Purzelbaum!**

Lena machte drei Purzelbäume. Da machte es „plopp", und der Hund verwandelte sich in eine Ziege. Die Ziege lief zu einem Zaun.

Am Zaun stand wieder etwas: Lege dich auf den Rücken und führe fünf Mal die ausgestreckten Arme und Beine über dir zusammen! *(„Klappmesser")*

Lena machte auch diese Übung. Da machte es „plopp", und die Ziege verwandelte sich in ein Krokodil. „Jetzt haben wir es gleich geschafft!", rief die Kröte aufgeregt.

Und tatsächlich: Das Krokodil sah Linus schon ein wenig ähnlich. Es ging drei Schritte nach vorne. **Dort, wo es gestanden hatte, kam ein flacher Felsen zum Vorschein, auf dem stand: Mache zehn Kniebeugen.**

Lena machte zehn Kniebeugen. Da machte es wieder „plopp" und das Krokodil verwandelte sich … in einen Frosch!

Lena freute sich sehr und sagt auch uns vielen Dank für die tolle Unterstützung!

Was ist ein Frosch?

ab 2 Jahren

Material:

Kopiervorlage „Froschpuzzle“ (s. u.), Farbstifte, 1 Schere, ggf. 1 Laminiergerät und -folie, Bildkarten aus der Heftmitte, falls vorhanden: Frosch-Figuren und Frosch-Kuscheltiere

Vorbereitung:

Kopieren Sie die Vorlage, wenn möglich jedes Viertel in DIN-A4-Größe. Malen Sie die Puzzleteile ggf. an und schneiden Sie sie aus. Die Puzzleteile können zur besseren Haltbarkeit laminiert werden. Schneiden Sie die Bildkarten aus der Heftmitte aus.

Arbeitsanleitung:

1. Setzen Sie sich mit den Kindern in einen Stuhlkreis.
2. Lassen Sie die jüngeren Kinder das Puzzlebild in der Kreismitte zusammenlegen. Die Kinder erkennen das Tier bestimmt sofort.
3. Benennen Sie mit den Kindern die Körperteile des Frosches. Die Kinder dürfen dabei frei erzählen, was sie schon über die Tiere wissen. Regen Sie das Gespräch ggf. durch folgende Fragen an und zeigen Sie die passenden Bildkarten aus der Heftmitte dazu:
   - Habt ihr schon einmal einen Frosch gesehen? Wo war das?
   - Wie sieht ein Frosch aus? (große Augen, lange Hinterbeine, Schwimmhäute, verschiedene Farben, in Deutschland meist braun oder grün, lange und klebrige Zunge …)
   - Hattet ihr schon einmal einen Frosch in der Hand? Wie hat sich das angefühlt?
   - Welche Geräusche kennt ihr von Fröschen?
4. Ergänzen Sie ggf. das Wissen der Kinder über den Körperbau der Frösche (s. S. 4 „Informationen über Frösche“).

Kopiervorlage „Froschpuzzle“

Fühl mal den Frosch!

ab 2 Jahren

Material:
1 Spielfigur eines Frosches, Spielfiguren weiterer Tiere (z. B. Kuh, Esel, Schwein, Vogel, Schlange, Dino, Hase …), 1 Stoffsack

Vorbereitung:
Legen Sie die Figur vom Frosch und je nach Alter und Entwicklungsstand 1 – 5 weitere Tierfiguren in den Stoffbeutel. Legen Sie zum Beispiel bei 1- bis 2-Jährigen ein weiteres Tier hinein, bei 2- bis 3-Jährigen drei weitere und bei 3- bis 5-Jährigen fünf weitere Tiere.

Arbeitsanleitung:
Setzen Sie sich mit den Kindern an einen Tisch oder auf den Boden in einen Kreis. Lassen Sie die Kinder mit der Hand in den Beutel greifen, ohne zu gucken. Nur durch Fühlen sollen sie nun herausfinden, welche der Figuren der Frosch ist. Wer den Frosch gefunden hat, zeigt ihn, legt ihn wieder in den Beutel und gibt ihn an das nächste Kind weiter. Befüllen Sie den Beutel dazwischen ggf. altersentsprechend neu. Zum Schluss kann auch eine Profi-Variante gespielt werden, bei der alle Tiere in den Beutel kommen.

ab 4 Jahren

Frosch-Domino

Material:
Kopiervorlage „Frosch-Domino" (s. S. 15), 1 Schere, ggf. Buntstifte, Bildkarten der Froscharten aus der Heftmitte (Grasfrosch, Teichfrosch, Seefrosch, Moorfrosch, Kleiner Wasserfrosch, Laubfrosch, Springfrosch), Steckbriefe der heimischen Froscharten (s. S. 5)

Vorbereitung:
Kopieren Sie die Dominokarten mindestens zwei Mal und malen Sie sie in den passenden Farben an (s. Bildkarten in der Heftmitte). Schneiden Sie die Karten aus. Trennen Sie die entsprechenden Bildkarten aus der Heftmitte heraus.

Arbeitsanleitung:
1. Setzen Sie sich mit den Kindern an einen Tisch und zeigen Sie ihnen die verschiedenen Froscharten auf den Bildkarten. Welche Unterschiede und Gemeinsamkeiten haben sie? Nutzen Sie dazu auch die Informationen aus den Steckbriefen.
2. Mischen Sie dann die Dominokarten gut durch. Ziehen Sie eine Karte und legen Sie diese als Startkarte in die Mitte.
3. Nun ist das erste Kind an der Reihe und zieht eine Karte. Ist der passende Frosch oder der Joker-Frosch dabei? Dann kann es die Karte direkt anlegen. Falls nicht, behält es die Karte und das nächste Kind ist an der Reihe.
4. So geht es reihum. Benennen Sie während des Spiels die Frösche, damit die Kinder wahrnehmen, dass Frösche nicht nur unterschiedlich aussehen, sondern auch unterschiedliche Namen haben.
5. Wer zum Schluss die wenigsten Karten bei sich liegen hat, hat gewonnen.

Kopiervorlage „Froschdomino"

 Grasfrosch	 Teichfrosch	 Teichfrosch	 Seefrosch
 Laubfrosch	 Teichfrosch	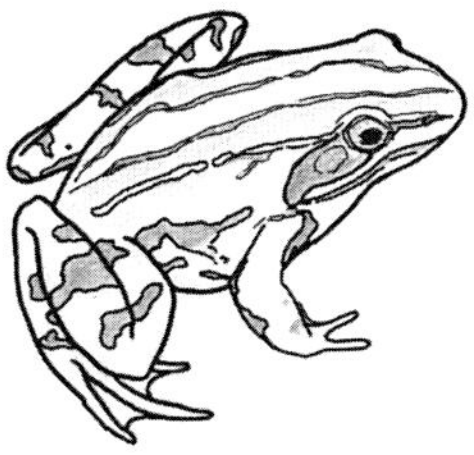 Moorfrosch	 Grasfrosch
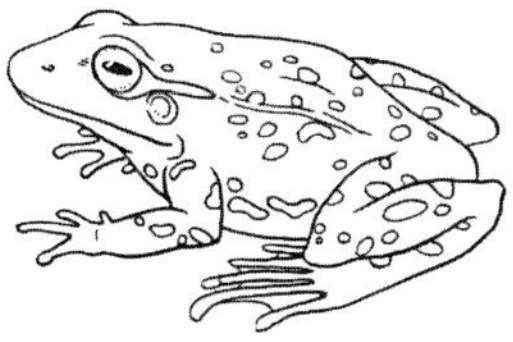 Kleiner Wasserfrosch	 Joker-Frosch	 Seefrosch	 Grasfrosch
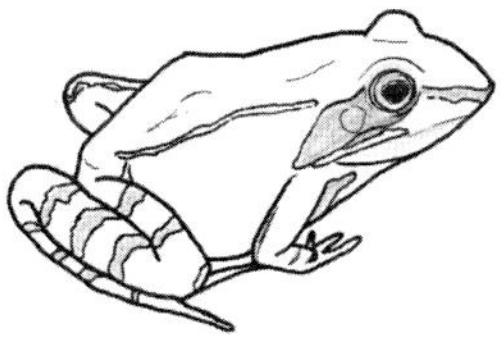 Springfrosch	 Grasfrosch	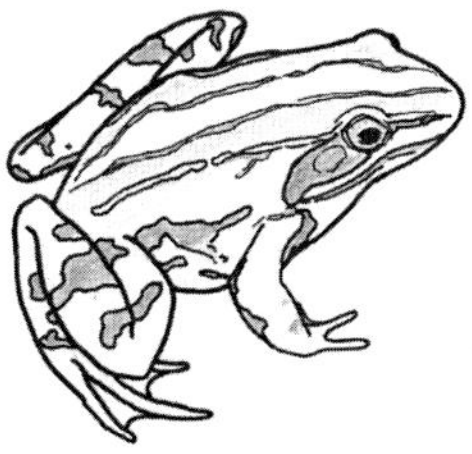 Moorfrosch	 Joker-Frosch
 Kleiner Wasserfrosch	 Laubfrosch	 Seefrosch	 Laubfrosch
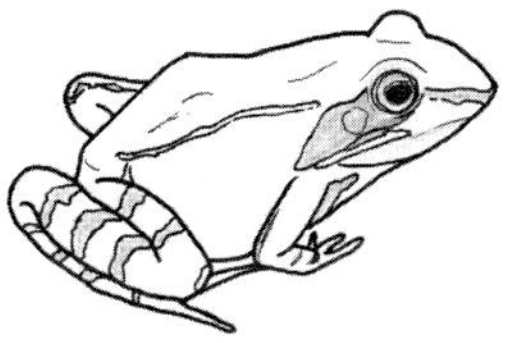 Springfrosch	 Laubfrosch	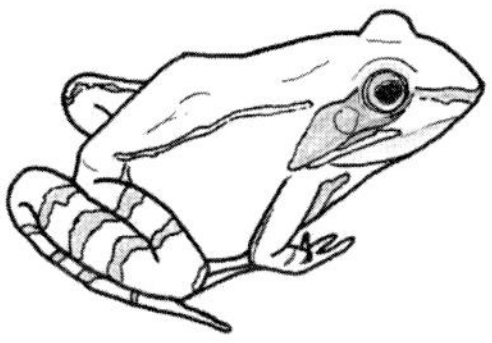 Springfrosch	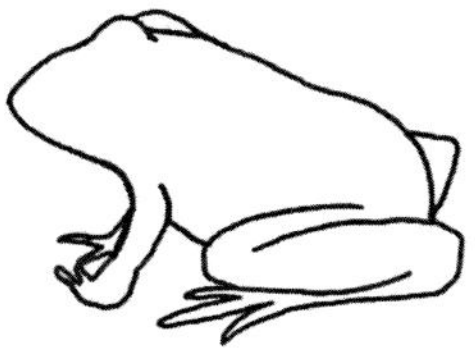 Joker-Frosch

Frösche, Kröten und Unken

ab 4 Jahren

Material:

Kopiervorlage „Frösche, Kröten und Unken“ (s. S. 21), Buntstifte (gelb, blau, rot), 1 Schere, Bildkarten aus der Heftmitte (ein Frosch, Erdkröte und Rotbauchunke), Informationstext (s. u.)

Vorbereitung:

Kopieren Sie die Vorlage zwölf Mal, so können jeweils drei Kinder mitspielen. Kopieren Sie die Vorlage für jedes weitere mitspielende Kind noch zwei Mal. Malen Sie von den Fröschen, Kröten und Unken jeweils vier rot, vier blau und vier gelb an. Schneiden Sie anschließend die Karten aus.

Arbeitsanleitung:

1. Besprechen Sie mit den Kindern, was die Unterschiede zwischen Frosch, Kröte und Unke sind. Nutzen Sie dazu den Informationstext (s. u.) und die passenden Bildkarten in der Heftmitte.
2. Spielen Sie dann das Kartenspiel. Mischen Sie dazu zunächst die Karten.
3. Verteilen Sie sie gleichmäßig an sich und die Kinder. Die Kinder legen ihren Stapel verdeckt vor sich. Ihren Stapel legen Sie gut sichtbar in die Mitte.
4. Nun decken Sie und die Kinder immer gleichzeitig ihre oberste Karte auf. Stimmen die Farbe, das Tier oder auch beides auf der Karte der Kinder mit Ihrer Karte in der Mitte überein, dann rufen die Kinder „Quak-quak!“. Wer als Erster (richtigerweise) gerufen hat, bekommt die jeweiligen Karten von den anderen und legt sie auf einen separaten Stapel neben sich.
5. Das Kind, das am Ende die meisten Karten gesammelt hat, gewinnt.

Hinweis:

Die Karten können Sie auch mit Kindern ab fünf Jahren verwenden, um eine Art „Mau-Mau“ mit ihnen zu spielen, indem (ohne Aussetzen oder Strafkarten) immer reihum die passende Karte (Farbe und/oder Tier) aufgelegt wird.

Informationen für Sie:

Frösche, Kröten und Unken gehören alle zu den Froschlurchen. Die Einteilung zwischen Fröschen und Kröten ist dabei nicht eindeutig. Landläufig unterscheidet man Frösche und Kröten an ein paar Merkmalen, bei denen es aber Ausnahmen gibt:
Frösche haben eine eher glatte und feuchte Haut und längliche, schlanke Körper. Sie haben lange, kräftige Hinterbeine. Frösche bewegen sich damit springend fort. Zwischen den Zehen der hinteren Füße wachsen Schwimmhäute. Frösche leben in oder an Gewässern. Sie haben eine Art Zähne. Man kann sie nicht sehen, weil sie im Gaumen eingewachsen sind, deshalb heißen sie auch Gaumenzähne. Sie sind stumpf und dienen dazu, die Beute festzuhalten, die der Frosch mit seiner Zunge ins Maul gezogen hat. Der Frosch legt seine Eier in Klumpen ab.
Kröten haben eher einen rundlichen, plumpen Körper mit trockener, warziger Haut. Sie haben kürzere Beine, mit denen sie kriechen oder laufen. Kröten können sowohl in trockenen als auch in feuchten Gegenden leben. Außerdem legt die Kröte ihre Eier in einer Kette aufgereiht ab.
Unken sind deutlicher abzugrenzen. Sie sind kleiner mit einem abgeflachten Körper. Die Oberseite ist warzig und die Unterseite zeigt gelbe oder rote Flecken als Warnfarben vor ihrem Gift. Typisch ist auch die herzförmige Pupille. Sie legen ihre Eiern in kleinen Klumpen ab.

Rückseite Bildkarten (1)

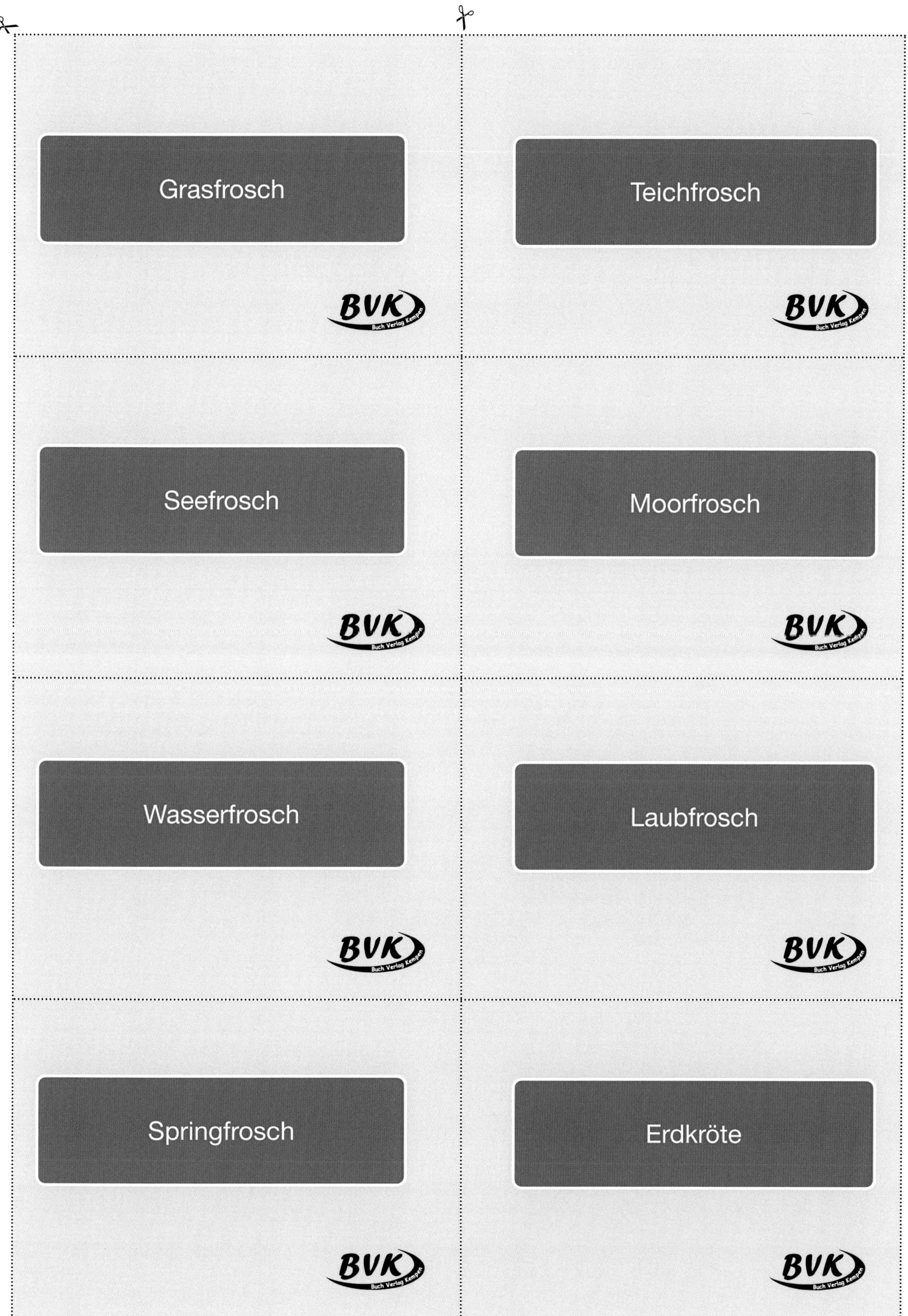

Bildkarten Frösche

Bildkarten Frösche

Rückseite Bildkarten (2)

Frosch mit aufgeblasener Schallblase

BVK Buch Verlag Kempen

Rotbauchunke

BVK Buch Verlag Kempen

Froschlaich

BVK Buch Verlag Kempen

Frosch fängt Insekt

BVK Buch Verlag Kempen

Kaulquappe mit Hinterbeinen

BVK Buch Verlag Kempen

Kaulquappe

BVK Buch Verlag Kempen

Jungfrosch

BVK Buch Verlag Kempen

Kaulquappe mit Hinter- und Vorderbeinen

BVK Buch Verlag Kempen

Kopiervorlage „Frösche, Kröten und Unken"

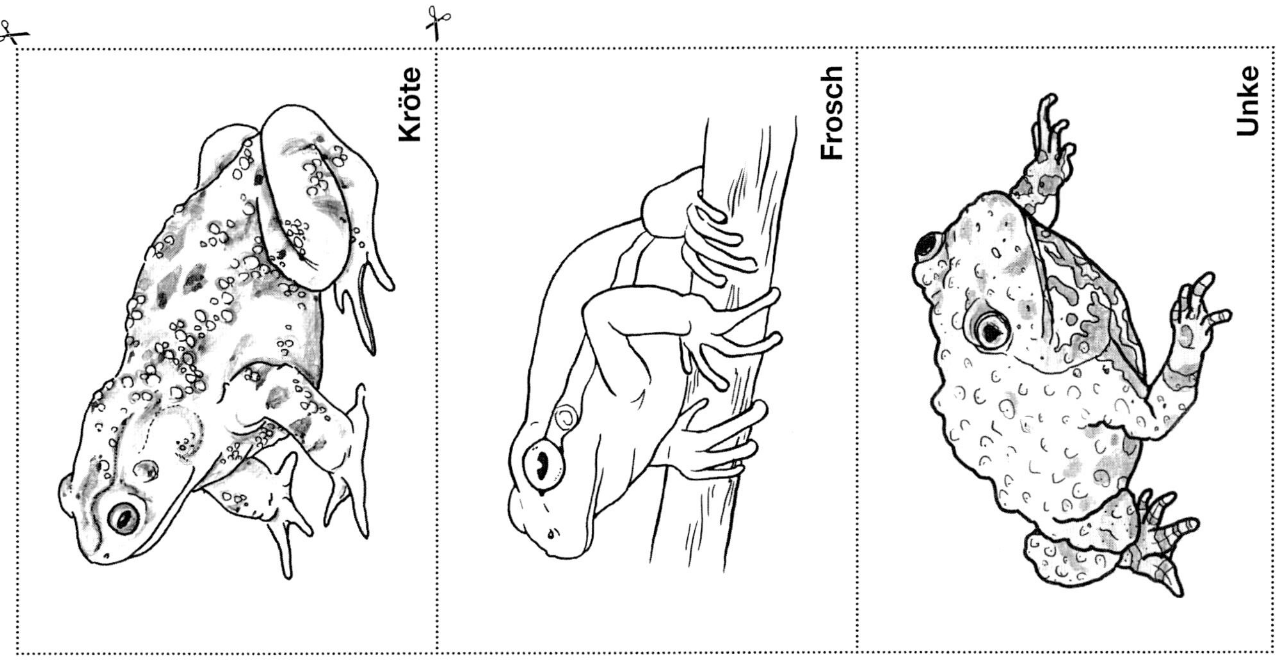

ab 3 Jahren

Wo ist der Frosch gelaufen?

Male die Froschspur farbig nach.

Erlebniswelt in der Wanne

ab 2 Jahren

Material:
Naturmaterialien wie Stöckchen, Steine, Blätter und Holzstückchen, grünes und weißes Moosgummi, Kopiervorlage „Seerose und Seerosenblatt“ (s. S. 23), 1 Schere, 1 Bleistift, 1 wasserdichte Unterlage (ca. 2 x 2 m), mind. 1 Plastikwanne (möglichst flach), ca. 30 Muggelsteine, ca. 20 Glasperlen, Sand, Tierfiguren (Frösche und zum Beispiel Eidechsen, Fische, Vögel), 1 Gießkanne, Wasser, verschiedene Gefäße, Handtücher

Arbeitsanleitung:
1. Machen Sie mit den Kindern einen Spaziergang und sammeln Sie einige Stöckchen, Steine in verschiedenen Größen, Blätter und Holzstückchen.
2. Schneiden Sie die Vorlage aus. Übertragen Sie die Seerose mehrfach auf weißes Moosgummi und das Blatt mehrfach auf grünes Moosgummi. Schneiden Sie die Blüten und die Blätter aus.
3. Breiten Sie die wasserdichte Unterlage auf dem Boden aus. Stellen Sie die Wanne oder die Wannen darauf.
4. Füllen Sie Wasser in eine Gießkanne und die Muggelsteine, die Glasperlen, den Sand, die Moosgummi-Seerosen, die Tierfiguren und die selbst gesammelten Naturmaterialien in passende Gefäße. Stellen Sie alle Materialien bereit.
5. Gestalten Sie nun den künstlichen Teich gemeinsam mit den Kindern. Befüllen Sie dazu die Wanne zunächst nur bis zur Hälfte mit Wasser. Die Kinder legen dann die Steine, den Sand, die Zweige und Holzscheiben als „Basis“ in das Wasser. Dazu kommen Muggelsteine, Seerosen und die Tiere, sodass eine vielseitige Erlebniswelt entsteht.

Spielanleitung:
1. Verwenden Sie diese Fühlstation zunächst als freies Erlebnisangebot und als anschauliche Unterstützung bei den Informationseinheiten über den Frosch.
2. Im nächsten Schritt können Sie dann kleine Übungen einflechten. Hier einige Anregungen:
   - Lassen Sie die Kinder genau fünf Muggelsteine aus dem Wasser holen.
   - Platzieren Sie einzelne Tiere an verschiedenen Stellen, lassen Sie zum Beispiel den Fisch in der Luft fliegen oder setzten Sie ihn auf eine Seerose. Fragen Sie die Kinder, ob das richtig oder falsch ist.
   - Nehmen Sie einen der Steine und bitten Sie die Kinder, Ihnen einen größeren/kleineren/gleich großen Stein aus dem Wasser zu holen.
   - Lassen Sie sich drei Dinge zeigen, die die gleiche Farbe haben wie der Frosch/einer der Muggelsteine/ein Ast ...
3. Ist die Einheit fertig, trocknen sich alle Kinder die Hände und Arme mit einem Handtuch ab.

Lassen Sie diese Station ein paar Tage stehen, sodass die Kinder immer wieder damit experimentieren und spielen können, auch, um neue Informationen zum Frosch direkt spielerisch umsetzen zu können.

Kopiervorlage „Seerose und Seerosenblatt"

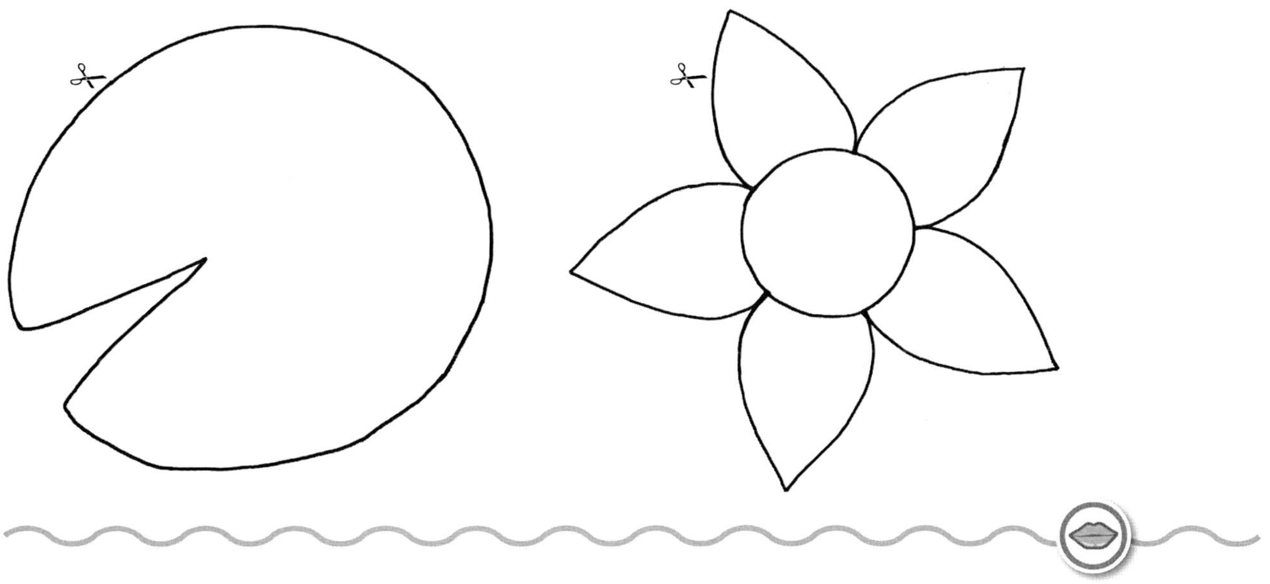

ab 3 Jahren

Getarnte Frösche

Material:

Moosgummi in den Farben des Farbwürfels, Kopiervorlage „Seerose und Seerosenblatt" (s. o.), 1 Schere, 1 Schale oder Behälter, Wasser, leichte Froschfiguren in den Farben des Farbwürfels, ggf. Bändchen in den Farben des Farbwürfels, 1 Farbwürfel, Handtücher

Vorbereitung:

1. Schneiden Sie mit Hilfe der Vorlage je Farbe ein Blatt aus dem Moosgummi aus.
2. Befüllen Sie den Behälter zur Hälfte mit Wasser. Legen Sie darauf die Moosgummiblätter aus.
3. Stellen Sie die Frösche bereit. Sollten Sie zum Beispiel nur grüne Frösche zur Verfügung haben, binden Sie entsprechend ein farbiges Bändchen um den jeweiligen Frosch.

Spielanleitung:

1. Erklären Sie den Kindern: „Wir müssen gemeinsam den Fröschen helfen, einen sicheren Ort zu finden, wo kein Storch sie finden kann. Wir brauchen ein Blatt, das eine ähnliche Farbe hat wie der Frosch, dann ist er gut getarnt. Das machen die Frösche in der Natur ganz genauso."
2. Nun würfelt das erste Kind und nennt die Farbe, die es gewürfelt hat. Es sucht nun den Frosch in dieser Farbe und setzt ihn auf das passende Blatt. Benennen Sie gemeinsam mit den Kindern die Farben immer in ganzen Sätzen, zum Beispiel „Oh, du hast blau gewürfelt. Der blaue Frosch hüpft auf das blaue Blatt! So ist er gut getarnt."
3. Nun ist das nächste Kind an der Reihe. Es würfelt ebenfalls und setzt den entsprechenden Frosch auf das entsprechende Blatt. Ist nun zum Beispiel der rote Frosch bereits auf dem roten Blatt, das Kind würfelt aber ebenfalls rot, so muss der Frosch vom roten Blatt wieder heruntergenommen und danebengelegt werden.
4. Das Spiel geht so lange, bis auf allen Blättern die gut getarnten Frösche sitzen. Sollte dies einmal zu lange dauern, können Sie alternativ auch die Zeit stoppen und schauen, wie viele Frösche es innerhalb der Zeit auf die passenden Blätter geschafft haben.

Der Frosch hüpft in den Teich!

ab 2 Jahren

Material:

1 Eierkarton (30er-Größe), 10 Weinkorken oder kleine Tannenzapfen pro Team, Fingerfarben, Wasserbecher, Pinsel, 1 Malkittel pro Kind, 2 Teelöffel, etwas Knete, 1 Malunterlage

Vorbereitung:

1. Legen Sie die Malunterlage aus. Stellen Sie dann den Eierkarton auf einen Basteltisch zusammen mit den Pinseln, der Farbe und dem Wasserbecher bereit.
2. Die Kinder ziehen sich ihre Malkittel an und setzen sich an den Tisch.
3. Malen Sie gemeinsam mit den Kindern jeweils zehn der Korken grün und in weiteren verschiedenen Farben an, zum Beispiel rot. Das sind die Frösche der jeweiligen Teams. Lassen Sie die Korken trocknen.
4. Malen Sie nun gemeinsam mit den Kindern den Eierkarton blau an und lassen Sie ihn ebenfalls trocknen. Fertig ist der Teich!
5. Nun formen Sie aus der Knete Kugeln von etwa 1 cm Durchmesser. Drücken Sie die Knetkugeln jeweils recht weit am unteren Ende unter dem Löffelgriff fest, sodass eine Art Katapult entsteht.
6. Die Kinder üben zunächst ein paar Froschsprünge in den Teich, um herauszufinden, wie das Hebelsystem mit dem Löffel funktioniert. Dazu legen sie einen „Frosch" in den Löffel und drücken das Ende des Löffels schnell nach unten.

Spielanleitung:

Dann kann es losgehen: Mindestens zwei Kinder, nämlich eines pro Team, werden für das Spiel benötigt. Es können auch mehrere Kinder in einer Froschmannschaft sein, die sich dann mit den Sprüngen abwechseln. Wenn Sie eher ältere Kinder in der Gruppe haben, können Sie auch weitere zehn Korken in einer dritten Farbe bemalen und drei Teams gegeneinander antreten lassen.

Nun startet eines der Teams. Dazu legt das Kind den Korken in den Löffel und versucht, ihn in den Teich zu katapultieren. Trifft es, so darf das Team es noch einmal versuchen. Trifft es nicht, ist das andere Team an der Reihe.

Gibt es mehr Frösche als Felder im Teich sind, wird so lange gespielt, bis alle Felder im Teich von Fröschen besetzt sind. In diesem Fall hat das Team gewonnen, das am meisten Felder im Teich besetzen konnte. Ansonsten gewinnt, welches Teams zuerst alle eigenen Korken im Teich platzieren konnte. Dabei hat das Team, das als zweites gestartet ist, den Nachwurf, da es ja sonst einen Versuch weniger hatte.

Guten Sprung!

Wie springt der Frosch zur Seerose?

ab 4 Jahren

Zeichne die Sprünge der Frösche nach.

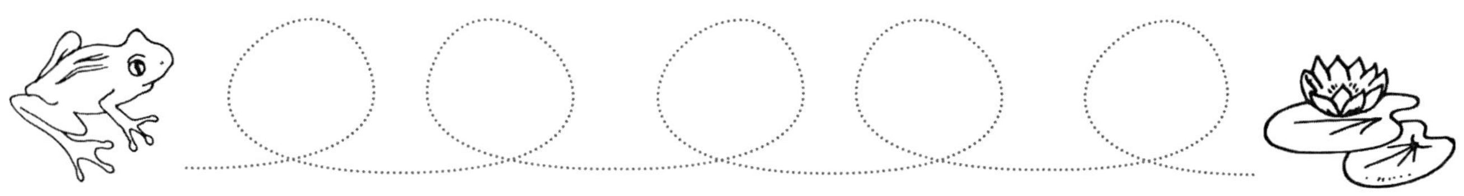

Malen nach Formen

ab 4 Jahren

Male die Felder in der passenden Farbe an. Erkennst du das Bild?

△ blau □ grün ○ gelb ✚ braun

Rätsellied „Wer geht denn da über die Wiese?"

ab 2 Jahren

Material:

grüne Decken und Kissen, Lied „Auf unsrer Wiese gehet was" (s. u.)

Vorbereitung:

Räumen Sie Tische, Stühle etc. beiseite, sodass eine große freie Fläche entsteht. Nutzen Sie wenn möglich den Turnraum. Verteilen Sie die grünen Decken und Kissen auf dem Boden in der Mitte des Raumes.

Arbeitsanleitung:

1. Die Kinder stellen sich nun im Kreis um die Decken und Kissen herum.
2. Singen Sie mit ihnen das Lied „Auf unserer Wiese gehet was".
3. Dabei gehen die Kinder im Kreis. Sie heben dabei die Knie jeweils hoch an und strecken die Arme nach vorne, um einen Schnabel nachzuahmen, der sich öffnet und schließt.
4. Bei der Stelle „fängt die Frösche …" gehen die Kinder zwischen den Decken und Kissen umher. Sie bücken sich zwischendurch herunter, als würden sie nach Fröschen schnappen. Dabei öffnen und schließen die Kinder ihre Schnäbel sehr schnell hintereinander.
5. Pausieren Sie nach der ersten Strophe und fragen Sie die Kinder, ob Sie den Feind vom Frosch erraten haben.
6. Singen Sie anschließend mit den Kindern die zweite Strophe.

Melodie: traditionell, **Text:** Heinrich Hoffman von Fallersleben

2. Ihr denkt, es ist der Klapperstorch,
watet durch die Sümpfe.
Er hat ein schwarz-weiß Röcklein an,
trägt auch rote Strümpfe.
Fängt die Frösche schnapp, schnapp, schnapp,
klappert lustig klapper-di-klapp.
Nein, das ist Frau Störchin!

Auf der Flucht vor den Krokodilen

ab 3 Jahren

Material:

alte Teppichrollen (alternativ große Moosgummibögen oder 30 grüne Sportfließe), 1 Schere oder Teppichmesser, ggf. Kopiervorlage „Seerose und Seerosenblatt“ (s. S. 23), ggf. doppelseitiges Klebeband, 1 Turnbank, 1 Turnkasten, 1 Trampolin, Turnmatten, Krokodilkuscheltiere (alternativ DIN-A3-Zeichenblockseiten, Stifte)

Vorbereitung:

Schneiden Sie mit einer Schere oder einem Teppichmesser etwa 40 cm große Ovale aus der Teppichrolle aus und schneiden Sie eine Kerbe hinein (s. Kopiervorlage „Seerose und Seerosenblatt“). Stellen Sie von diesen „Blättern“ etwa 15 bis 30 Stück her. Falls Sie keine Krokodilkuscheltiere haben, zeichnen Sie Krokodile auf DIN-A3-Seiten, malen sie an und schneiden sie aus.

Arbeitsanleitung:

1. Stellen Sie die Turnbank mittig im Raum auf, das ist der Baumstamm.
2. Stellen Sie am Ende der Turnbank den Turnkasten auf kleinster Stufe als Baumstumpf auf.
3. Stellen Sie hinter dem Turnkasten das Trampolin auf und legen Sie eine Turnmatte dahinter.
4. Auf dem „Wasser“ schwimmen die Seerosenblätter. Legen Sie also einen Großteil davon überall vor der Turnbank verteilt auf dem Boden aus, sodass die Kinder sie jeweils hüpfend erreichen können.
5. Legen Sie mit den restlichen Seerosenblättern einen Weg von der Matte zurück zum Start. **Achtung:** Kleben Sie die Seerosenblätter ggf. mit dem Klebeband am Boden fest, sodass sie nicht wegrutschen können!
6. Legen Sie den Weg entlang der Turnbank und des Turnkastens mit Matten aus.
7. Verteilen Sie nun die Krokodile auf dem Boden zwischen den Teilen des Parcours.

Spielanleitung:

Erklären Sie den Kindern den Parcours: „Der Hallenboden ist das Wasser. Wir müssen es schaffen daüber zu kommen, ohne von den Krokodilen gefressen zu werden. Deswegen dürfen wir nicht ins Wasser fallen. Zuerst springen wir über die Seerosenblätter. Dann müssen wir über den Baumstamm balancieren und landen auf dem Baumstumpf. Wenn wir das Trampolin erreicht haben, dürfen wir einen Monsterfrosch-Sprung machen. Dann springen wir über die Seerosenblätter auf der anderen Seite wieder zurück zum Baumstamm. Schaffen wir das?“
Nun starten die Kinder und hüpfen mit kleinem Abstand hintereinander durch den Parcours.

Variationen:

- Die Kinder sammeln eine bestimmte Anzahl von Froschfiguren ein, die neben oder auf den Seerosenblättern liegen.
- Die Kinder hüpfen auf unterschiedliche Weise – mal wie ein Mensch, mal wie ein Frosch.
- Jedes Kind darf fünfmal auf dem Trampolin springen.
- Die Kinder transportieren einen Ball oder einen anderen Gegenstand, während sie den Parcours bewältigen.
- Für die größeren Kinder: Stoppen Sie die Zeit und bilden Sie zwei oder mehrere Teams, die gegeneinander antreten.
- …

Wir füttern den Frosch!

ab 3 Jahren

Material:

1 Malunterlage, 1 Malkittel pro Kind, 1 Toilettenpapierrolle pro Kind, Pinsel, Wasserbecher, grüne Fingerfarbe, Kopiervorlage „Seerose und Seerosenblatt“ (s. S. 23), Scheren, 1 Bleistift, grüner Tonkarton, weißer Tonkarton, Kleber, 2 große Wackelaugen pro Kind, schwarze Filzstifte, Kopiervorlage „Froschfutter“ (s. S. 30), 1 Schälchen, 1 Zahlenwürfel, 1 möglichst große Pinzette

Vorbereitung:

1. Breiten Sie die Unterlage auf einem Tisch aus. Die Kinder ziehen sich die Malkittel an und setzen sich an den Tisch.
2. Die Kinder erhalten je eine Toilettenpapierrolle und bemalen sie mit einem Pinsel mit grüner Fingerfarbe. Die Papprollen werden zum Trocknen beiseitegestellt.
3. Kopieren Sie die Vorlage der Seerose und des Seerosenblattes und schneiden Sie sie aus. Übertragen Sie dann für jedes Kind ein Seerosenblatt auf den grünen Tonkarton und eine Seerosenblüte auf den weißen Tonkarton. Diese schneiden die Kinder aus.
4. Die Kinder kleben nun die Blüte mittig auf das Blatt, dabei können die Blütenblätter leicht nach oben geknickt werden.
5. Zeichnen Sie auf den grünen Tonkarton nun für jedes Kind ein Oval in der Länge von etwa 5 cm, dies wird das Froschmaul, und zwei Kreise, die größer als die Wackelaugen sind. Die Kinder schneiden die Formen aus.
6. Helfen Sie den Kindern dabei, mit schwarzem Filzstift einen lustigen Mund und zwei Nasenlöcher auf das Oval zu zeichnen.
7. Die Kinder kleben die Wackelaugen auf die grünen Kreise.
8. Anschließend kleben sie das Maul und die Augen oben an die Rolle.
9. Nun geben die Kinder Kleber auf die Unterseite der Rolle und kleben sie auf die Seerosenblüte. Fertig ist der Frosch!
10. Kopieren Sie dann die Insektenbilder (= Froschfutter) mehrfach und kleben Sie sie auf Tonkarton. Schneiden Sie die Insekten aus und legen Sie sie in einem Schälchen bereit.

Spielanleitung:

1. Das erste Kind würfelt. Es zählt die gewürfelte Anzahl an Insekten ab und füllt sie mit der Pinzette in seinen Frosch. Es bietet sich an, dabei auch noch den Namen des Insektes zu wiederholen, zum Beispiel mit einem Satz wie „Der Frosch frisst eine Mücke.“ Dann ist das nächste Kind an der Reihe.
2. Das Spiel geht so lange, bis das Schälchen leer ist.
3. Ist das Spiel zu Ende, rufen alle „Der Frosch ist satt!“ und die Insekten werden wieder in das Schälchen gefüllt. Das Spiel kann nun von Neuem beginnen.

Die Frösche können im Anschluss an das Froschprojekt entweder als Stiftehalter für die Kinder in der Gruppe oder aber für zu Hause weiterverwendet werden.

Hinweis:

Es kann auch nur ein Frosch gebastelt und in die Mitte gestellt werden, der dann von allen gefüttert wird. Spinnen sind übrigens eigentlich keine Insekten, sie gehören zu den Spinnentieren. Dem Frosch schmecken sie aber trotzdem.

Kopiervorlage „Froschfutter"

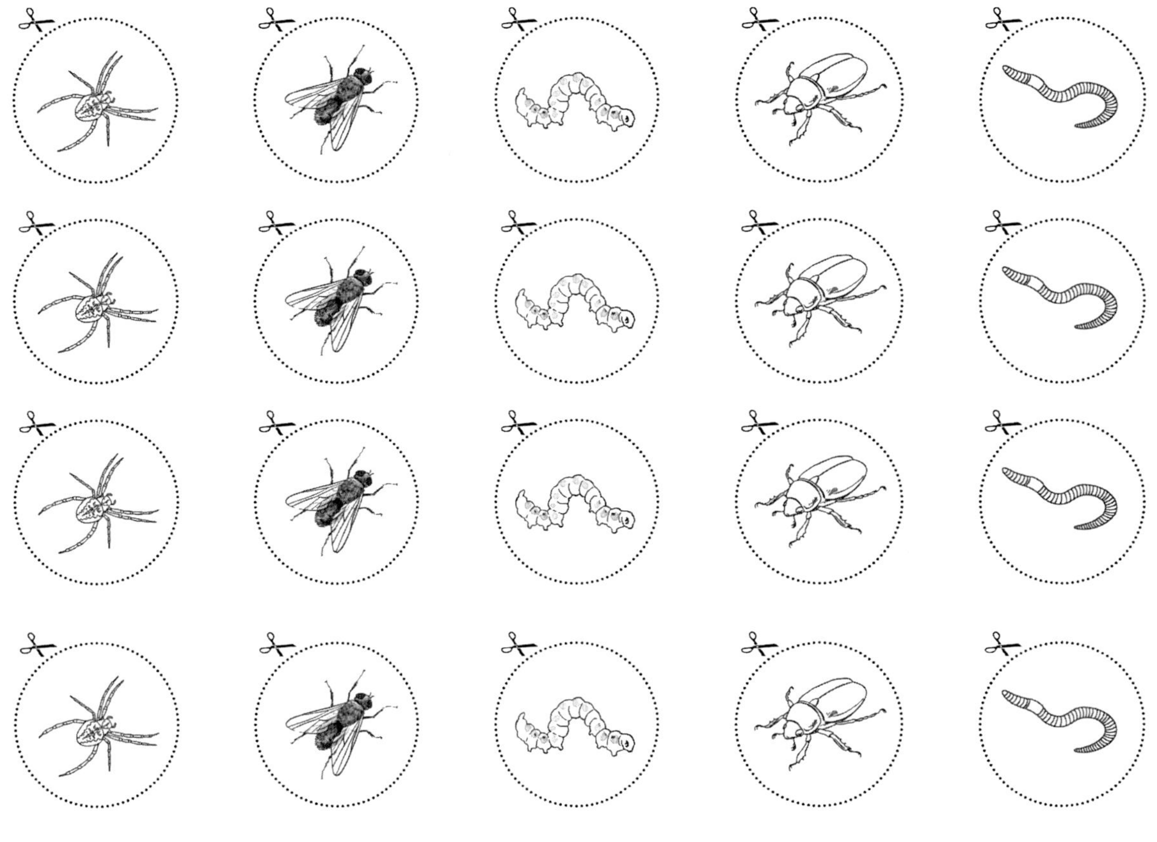

ab 2 Jahren

Tischspruch für die Frosch-Woche

Ein Fröschlein klein will größer sein,
da muss es etwas fressen.
Zunge raus, Zunge rein,
wo wird denn bloß die Fliege sein?
Zunge hin, Zunge her,
Fliegen fangen ist sehr schwer!
Doch schnapp und klapp,
da hat es sie, und ruckizuck verschluckt!
Guten Appetit!

Meine Zunge fängt die Fliege!

ab 3 Jahren

Material:

3 Handspiegel oder 1 großer Wandspiegel, ggf. Bildkarte aus dem Heftmitte (Frosch, der eine Fliege fängt), Mundmotorik-Geschichte (s. u.)

Arbeitsanleitung:

1. Setzen Sie sich mit maximal drei Kindern an einen Tisch. Geben Sie jedem Kind einen Spiegel oder setzen Sie sich mit ihnen vor einen großen Wandspiegel.
2. Erzählen Sie den Kindern: „Frösche fangen mit ihren langen Zungen ja gerne Fliegen. Und wir wollen heute unsere Zungen auch einmal richtig gut trainieren. Wir schauen jetzt, was sie schon alles können." Zeigen Sie den Kindern dazu gerne die Bildkarte aus der Heftmitte bzw. ein Video, wie ein Frosch sein Futter fängt, damit sie eine Vorstellung davon haben.
3. Lesen Sie den Kindern die Geschichte vor und machen Sie mit ihnen die Mundmotorikübungen. Dabei beobachten sich die Kinder genau im Spiegel.

Mundmotorik-Geschichte

Stellt euch vor, ihr seid ein Frosch und habt großen Hunger. Erst einmal schläft eure Zunge noch im Mund. Die Zungenspitze liegt hinter den oberen Zähnen auf dem Zahnfleisch, so als würdet ihr „L" ***(Achtung:** Nur den Laut aussprechen!)* sagen wollen. Die Zunge schmiegt sich dabei gemütlich oben an den Gaumen. Doch dann wird sie wach, denn heute will sie eine Fliege fangen. Die Zunge ist noch müde und macht erst einmal ein paar Aufwärmübungen mit geschlossenem Mund.

Die Zunge fährt in die rechte Wange.

Nun fährt die Zunge in die linke Wange.

Und jetzt fährt sie im Kreis von der einen Wange zur anderen vorbei an den Zähnen.

Die Lippen bleiben dabei geschlossen.

So, jetzt ist die Zunge aufgewärmt. Die Lippen werden jetzt auch wach und flattern aufgeregt. *(Lippenflattern mit oder ohne Ton.)*

Die Zunge wagt sich ein wenig heraus und guckt sich um.

(Zungenspitze schaut nach rechts und links.)

Ui, da ist ja eine Fliege, ganz weit links!

(Die Zunge wandert schnell in den linken Mundwinkel und wird ganz weit gestreckt.)

Oh, verpasst … sie ist auf der anderen Seite!

(Die Zunge wandert schnell in den rechten Mundwinkel und wird ganz weit gestreckt.)

Und schon wieder ist die Fliege abgehauen! Jetzt fliegt sie ganz weit oben!

(Die Zunge wandert Richtung Nase.)

Und jetzt ist sie nach unten gesaust.

(Die Zunge wandert Richtung Kinn.)

Mensch, die Fliege ist aber schnell! Wir locken sie mit einem Schnalzen an.

(Wer es schon kann, schnalzt.)

Da kommt sie ja, da kommt sie … *(Die Zunge weit nach vorne strecken.)* … erwischt!

(Die Zunge wird reingeholt, der Mund geschlossen und es wird gekaut.)

Das war lecker!

Das große Tierkonzert

ab 3 Jahren

Material:
Text „Informationen über Frösche“ (s. S. 4), Bildkarte „Frosch mit aufgeblasener Schallblase“ aus der Heftmitte, mind. 1 Luftballon

Arbeitsanleitung:

1. Setzen Sie sich mit den Kindern in einen Stuhlkreis. Ein oder zwei Kinder verlassen den Raum.
2. Nun weisen Sie den übrigen Kindern Tiergeräusche zu, wobei mindestens ein Kind Froschgeräusche machen soll. Jedes Geräusch kann dabei ruhig mehrmals vorkommen. Die Kinder können sich auch selbst ein Tier aussuchen.
3. Das Kind wird von draußen wieder hereingeholt.
4. Rufen Sie: „Das große Tierkonzert beginnt!“ Alle Kinder rufen nun gleichzeitig ihren Tierlaut. Aufgabe des hereingeholten Kindes ist es, den Frosch/die Frösche herauszuhören und zu finden.
5. Sind alle Frösche gefunden, gehen ein oder zwei andere Kinder aus dem Raum und der Chor wird neu eingeteilt. Spielen Sie so lange, bis jedes Kind die Frösche suchen durfte, das möchte.
6. Sprechen Sie anschließend mit den Kindern über die Geräusche, die Frösche machen, wieso sie diese machen und wie (s. S. 4). Zeigen Sie den Kindern dazu das Bild aus der Heftmitte.
7. Zeigen Sie den Kindern, wie die Schallblase funktioniert. Pusten Sie dazu einen Luftballon auf und zeigen Sie ihn den Kindern. Lassen Sie dann geräuschvoll die Luft aus dem Ballon. Die Kinder dürfen es danach selbst einmal probieren.

ab 2 Jahren

Von der Kaulquappe zum Frosch

Material:
6 Bildkarten aus der Heftmitte (Froschlaich, Kaulquappe, Kaulquappe mit Hinterbeinen, Kaulquappe mit Hinter- und Vorderbeinen, Jungfrosch, ausgewachsener Frosch, z. B. der Grasfrosch), Text „Informationen über Frösche“ (s. S. 4), 1 großes Stück Karton, 1 Stift

Arbeitsanleitung:

1. Erzählen Sie den Kindern die spannende Geschichte von der Verwandlung des Frosches im Laufe seines Heranwachsens und zeigen Sie die passenden Bildkarten dazu.
2. Halten Sie die Karten nun verdeckt vor sich und lassen Sie die Kinder eine Karte ziehen. Die Kinder erzählen, was darauf zu sehen ist.
3. Nun ziehen die Kinder die nächste Karte usw. und entscheiden jeweils, was zuerst war. Die Kinder sortieren so die Karten hintereinander.
4. Die Karten werden dann auf den Karton geklebt. Lassen Sie die Kinder noch einmal erzählen, was während der Entwicklungsstufen passiert und schreiben Sie es unter die Bildkarten.
5. Zum Schluss kann das Plakat aufgehängt und der ganze Weg vom Wasser an Land noch einmal nachverfolgt werden.

Wir feiern ein Froschfest

ab 2 Jahren

Material:

Kopiervorlage „Einladung“ (s. S. 34), 1 Stift, Material aus den jeweiligen Programmpunkten (s. auf der jeweils angegebenen Seite), ggf. grüne Snacks (z. B. Gurkenscheiben, grüner Wackelpudding, grüne Paprika, grüne Trauben, grüne Äpfel ...)

Vorbereitung:

Kopieren Sie die Einladungskarte und füllen Sie sie aus. Kopieren Sie diese dann für jedes Kind und geben Sie sie einige Wochen vor dem Fest mit nach Hause. Bereiten Sie in den Wochen vor dem großen Froschfest die entsprechenden Stationen allmählich vor und stellen Sie sie bereit. Legen Sie ggf. die Frosch-Tischkarten aus (s. S. 35). Hängen Sie das Pakat von der Einheit „Von der Kaulquappe zum Frosch“ (s. S. 32) auf. Stellen Sie Stühle und/oder Turnbänke auf, sodass die Eltern die Aufführungen gut verfolgen können. Kopieren Sie die Liedtexte (s. S. 8, 27 und 36) in ausreichender Anzahl, damit die Eltern mitsingen können, und legen Sie sie auf den Stühlen aus. Bereiten Sie ggf. die grünen Snacks vor.

Alles aufgebaut und vorbereitet? Nun können die Eltern kommen!

Ablauf des Programms:

Begrüßen Sie die Eltern und erzählen Sie ihnen, wie der Ablauf geplant ist: Zunächst gibt es eine kleine Vorführung. Dann kann alles besichtigt und ausprobiert werden. Dabei gibt es „froschgrüne“ Snacks und als Abschluss wird noch einmal gemeinsam gesungen.

Singen Sie als Einstieg mit allen gemeinsam das Lied „Heut ist ein Fest bei den Fröschen am See“ (s. S. 36). Die Kinder begleiten wie gewohnt und geübt mit den Orff-Instrumenten.

Dann folgen die beiden Musikspiele zu „Roter Frosch im Wasser“ (s. S. 8) und „Auf unsrer Wiese gehet was“ (s. S. 27).

Nun können die Eltern herumgehen und die Bilder und gebastelten Dinge betrachten, wie die Fingerabdruck-Frösche (s. Tipp S. 35), die selbst gemalten und ausgemalten Froschbilder (s. S. 7 und 26), das Plakat „Von der Kaulquappe zum Frosch“ (s. S. 32). Auch die „Erlebniswelt in der Wanne“ (s. S. 22) können die Eltern gemeinsam mit den Kindern betrachten und darin spielen. Die Eltern können sich von den Kindern die Frosch-Spiele zeigen lassen und probieren, den Frosch in den Teich hüpfen zu lassen (s. S. 24), den Frosch zu füttern (s. S. 29) oder versuchen, den Frosch zu ertasten (s. S. 14). Ganz schön schwer!

Während des Festes können die Kinder und ihre Eltern sich mit den grünen Snacks stärken.

Zum Abschluss singen alle gemeinsam noch einmal das Lied „Heut ist ein Fest bei den Fröschen am See“. Und dann hüpfen alle fröhlich nach Hause!

Kopiervorlage „Einladung"

Heut ist ein Fest bei den Fröschen am See!

Wir laden euch herzlich zu unserem Froschfest ein!

Am ____________________

um _______________ Uhr wollen wir
mit euch quaken, hüpfen und Fliegen fangen.

Folgende spannende Dinge könnt ihr erleben:

____

____

____

Gebt uns bis zum ____________________ Bescheid, ob ihr dabei seid.
Wir freuen uns auf euch! Quakig-froschige Grüße,
eure Kinder aus der

_______________________ - Gruppe

Kopiervorlage „Maul und Zunge"

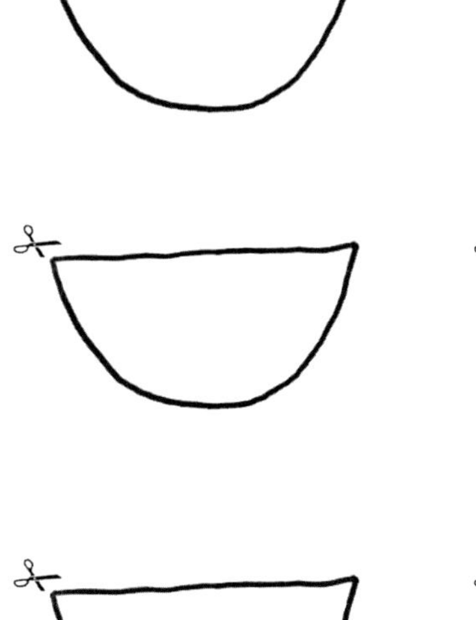

Frosch-Tischkarten

ab 2 Jahren

Material:

weißer Tonkarton, grüner Tonkarton, Scheren, Kopiervorlage „Maul und Zunge“ (s. S. 34), 1 Malkittel pro Kind, grüne Fingerfarbe, Töpfe, Pinsel, Kleber, Bleistifte, schwarzer Tonkarton, roter Tonkarton, Wackelaugen (falls vorhanden), ggf. 1 schwarzer Filzstift

Vorbereitung:

1. Schneiden Sie für jedes Kind ein Stück weißen Tonkarton zurecht, auf das einmal die Hand des Kindes passt (je nach Größe des Kindes etwa 10 x 5 cm).
2. Schneiden Sie für jedes Kind ein Rechteck aus dem grünen Tonkarton zurecht, das etwas mehr als doppelt so groß wie das weiße Stück ist. Falten Sie dieses Kartonstück in der Mitte der Länge nach, sodass es stehen kann.
3. Kopieren Sie die Vorlage „Maul und Zunge“ und schneiden Sie sie aus.
4. Lassen Sie die Kinder ihre Malkittel anziehen und setzen Sie sich mit den Kindern an einen Tisch.
5. Stellen Sie die Fingerfarbe in mehreren Töpfen bereit, sodass jedes Kind sie gut erreichen kann. Geben Sie dann jedem Kind ein weißes und ein grünes Stück Tonkarton.

Arbeitsanleitung:

1. Lassen Sie jedes Kind eine Hand mit Fingerfarbe bestreichen und einen Handabdruck, möglichst ohne Daumen, auf das weiße Stück Tonkarton machen. Lassen Sie die Handabdrücke trocknen.
2. Die Kinder schneiden mit Ihrer Hilfe nun grob um die abgedruckte Hand herum. Schneiden Sie dabei ggf. den Daumen ab, sodass vier Finger zu sehen sind.
3. Die Kinder kleben nun den Handabdruck mit den Fingern nach unten zeigend auf den grünen Aufsteller.
4. Die Kinder übertragen die Vorlage vom Maul und von der Zunge jeweils auf den schwarzen bzw. roten Tonkarton. Schneiden Sie gemeinsam mit den Kindern Maul und Zunge aus.
5. Die Kinder kleben nun Maul und Zunge auf die entsprechende Stelle des Froschkopfes mittig der Handfläche.
6. Lassen Sie die Kinder zum Abschluss noch die Wackelaugen oben auf dem Kopf anbringen. Wenn Sie keine Wackelaugen haben, schneiden Sie weiße Kreise aus dem Tonkarton aus und versehen Sie sie mit einem schwarzen Filzstift-Punkt.
7. Schreiben Sie auf jede Karte den Namen des Kindes neben den Frosch.

Fertig sind die Frosch-Tischkarten!

Tipp:

Sie können noch ein „Gruppen-Froschbild“ mit kleinen Fröschen anfertigen. Legen Sie dazu ein weißes Tonkartonblatt bereit. Jedes Kind tunkt nun einen Finger in die grüne Farbe und macht einen Fingerabdruck auf dem Karton. Schreiben Sie neben den Fingerabdruck den Namen des Kindes. Nach dem Trocknen werden die Abdrücke von den Kindern, ggf. mit Ihrer Hilfe, als Frösche gestaltet und mit Mündern, Augen, Armen und Beinen versehen. Dabei dürfen die realistischen Frosch-Proportionen auch gerne einmal außer Acht gelassen werden. Das Froschplakat kann während des Projektes zum Beispiel an die Gruppentür gehängt werden.

Heut ist ein Fest bei den Fröschen am See

Material:

Orff-Instrumentarium (z. B. Klangstäbe, Trommeln, Triangel, Rassel), Lied (s. u.)

Arbeitsanleitung:

1. Setzen Sie sich mit den Kindern in einen Kreis auf den Boden.
2. Verteilen Sie die Instrumente unter den Kindern. Sagen Sie den Kindern, dass sie die Instrumente nach einiger Zeit auch untereinander tauschen dürfen.
3. Singen Sie nun gemeinsam mit den Kindern das Lied.
4. Sobald die „Quak-quak-quak-quak"-Zeile kommt, spielen die Kinder mit ihren Instrumenten laut mit.

Hinweis:

Wenn Sie mehrere Betreuungspersonen sind, die gerne singen, können Sie auch einen Kanon wagen. Fangen Sie dann entsprechend der Nummerierung mit dem neuen Abschnitt an.